新能源汽车电机及电机控制系统原理与检修

理论+实训一体工单

北京理工大学出版社
BEIJING INSTITUTE OF TECHNOLOGY PRESS

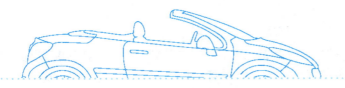

目录
CONTENTS

第一章　新能源汽车发展史 ………………………………………… (1)
　　第一节　纯电动汽车历史 ………………………………………… (1)
　　第二节　混合动力汽车发展历史 ………………………………… (1)
　　第三节　燃料电池汽车发展史 …………………………………… (1)

第二章　电力电子变换 ……………………………………………… (3)
　　第一节　概述 ……………………………………………………… (3)
　　第二节　GTR ……………………………………………………… (3)
　　第三节　P-MOSFET …………………………………………… (3)
　　第四节　IGBT ……………………………………………………… (4)
　　第五节　IPM ……………………………………………………… (5)
　　第六节　IGBT 栅极驱动 ………………………………………… (6)
　　第七节　IGBT 栅极驱动隔离 …………………………………… (6)
　　第八节　IGBT 保护电路 ………………………………………… (7)
　　第九节　IPM 的保护与驱动 …………………………………… (8)
　　第十节　IGBT 使用和检查 ……………………………………… (8)

第三章　电动汽车电机 …………………………………………… (10)
　　第一节　简单直流电机 ………………………………………… (10)
　　第二节　永磁直流同步无刷电机 ……………………………… (10)
　　第三节　电动汽车感应电机 …………………………………… (11)
　　第四节　汽车电机铭牌 ………………………………………… (11)
　　第五节　电机种类及电动汽车对电机的要求 ………………… (13)

第四章　电机控制传感器 ………………………………………… (14)
　　第一节　电机转子磁极定位 …………………………………… (14)
　　第二节　电机转子位置传感器 ………………………………… (14)
　　第三节　电机相电流传感器 …………………………………… (15)

第五章　电动汽车变频器 (16)
第一节　三相逆变过程 (16)
第二节　汽车变频器 (17)
第三节　电动和发电过程 (17)
第四节　电动汽车电机控制 (18)

第六章　典型纯电动汽车变频器 (19)
第一节　吉利 EV300 变频器 (19)
第二节　吉利 EV300 变频器诊断 (19)
第三节　比亚迪电动汽车变频器 (20)
第四节　北汽 EV160 变频器 (23)

第七章　典型混合动力汽车变频器 (24)
第一节　第二代丰田普锐斯变频器诊断 (24)
第二节　第三代丰田普锐斯变频器 (25)
第三节　第三代丰田普锐斯变频器自诊断 (25)

第八章　典型纯电动汽车冷却系统诊断 (27)
第一节　吉利 EV300 电动汽车冷却系统 (27)
第二节　电机和变频器冷却系统 (27)

第九章　典型电动汽车空调变频器 (29)
第一节　普锐斯电动汽车空调压缩机 (29)
第二节　普锐斯空调电机变频器 (29)
第三节　普锐斯空调电机变频器自诊断 (30)
第四节　涡旋式压缩机的拆装与绝缘检查 (30)

第一章
新能源汽车发展史

第一节 纯电动汽车历史

1834 年谁制造了一辆电动三轮车？

第二节 混合动力汽车发展历史

1900 年世界第一辆混合动力车由谁发明？

第三节 燃料电池汽车发展史

1. 燃料电池之父是谁。

2. 简述燃料电池的应用。

3. 氢燃料电池车有哪 3 个发展阶段？

4. 简述奔驰甲醇燃料电池汽车发展史。

5. 简述丰田燃料电池汽车发展史。

6. 简述本田燃料电池汽车发展历史。
_____
_____

7. 针对中国氢燃料电池汽车发展问题，衣宝廉院士结合多年研发和实践工作，着重讲了他的五个建议，分别是：
_____
_____

8. 目前，燃料电池汽车样车开发和示范运行都已证明其技术的可行性，但要达到实用化还面临着很多的挑战，主要为：
_____
_____

第二章

电力电子变换

第一节　概述

1. 电力开关元件类型有哪些？

2. 电力开关元件的应用场合有哪些？

第二节　GTR

1. 写出 GTR 的中文名称：

2. GTR 的三个极分别是什么？

3. 根据教材图 2-2 描述 GTR 的导通和截止控制：

4. 在框中分别画出一单元、两单元、四单元、六单元 GTR 的符号：

第三节　P–MOSFET

1. 写出 P–MOSFET 的中文名称：

2. P–MOSFET 的三个端子分别是什么？

3. 根据教材图 2–4 描述 N 沟道电力场效应管的控制导通过程：

4. 如何实现防静电击穿？

5. 什么是防偶然性震荡损坏？

6. 如何防栅极过电压？

7. 如何防漏极过电流？

第四节　IGBT

1. 简述 IGBT 的结构。

2. IGBT 的三个极分别是什么？

3. 根据教材图 2–5 描述 IGBT 的导通与截止控制：

4. 根据教材图 2-6 描述 IGBT 的开关控制：

5. 在框中画出一单元、两单元、六单元 IPM 符号：

第五节　IPM

1. 写出 IPM 的中文名称：

2. IPM 的作用是什么？

3. 什么是 IPM 的驱动功能？

4. 根据所学知识，回答 IPM 诊断功能的相关问题。
（1）什么是过流保护功能？

（2）什么是过温保护功能？

（3）什么是欠压保护功能？

（4）其他功能还有哪些？

第六节　IGBT 栅极驱动

1. 根据教材图 2-9 写出该电路的驱动过程：

   _____

   _____

2. 写出表 2-1 不同控制电压时 IGBT 或 IPM 的导通情况：

控制电压 U_{GE}/V	IGBT 可能有的工作情况
0~4.0	
4.0~12.5	
12.5~13.5	
13.5~16.5	
16.5~20.0	
>20	

3. 小功率的 IGBT 如何驱动？

   _____

4. 中等功率的 IGBT 如何驱动？

   _____

5. 大功率 IGBT 如何驱动？

   _____

6. IGBT 驱动设计规则：

   _____

   _____

   _____

第七节　IGBT 栅极驱动隔离

1. 根据教材图 2-11 写出 IGBT 栅极的电隔离原理：

   _____

   _____

2. 根据教材图 2-13 写出变压器电源隔离工作原理：

第八节　IGBT 保护电路

1. IGBT 的失效机制有哪四点？

2. 根据所学知识，回答 IGBT 失效原因。
(1) 过热损坏。

(2) 超出关断安全工作区。

(3) 瞬态过电流。

(4) 过电压。

3. 描述 IGBT 保护方法：
(1) 封锁栅极电压。

(2) 过载（过流）保护。

4. 描述过流保护措施：
(1) 软关断。

（2）降栅压。

5. 短路检测方式如何工作？

第九节　IPM 的保护与驱动

1. 什么是控制电源欠压锁定（UV）？

2. 什么是过热保护（OT）？

3. 什么是过流保护（OC）？

4. 什么是短路保护（SC）？

5. 根据教材图 2-15 说明该电路的工作原理：

6. 根据教材图 2-16 写出该电路的工作原理：

第十节　IGBT 使用和检查

1. 使用 IGBT 时要注意以下几点：

2. IGBT 过载使用的注意事项有哪些？

3. 如何进行正常 IGBT 管极性判断？

4. 如何进行有故障 IGBT 的检测？

5. 描述逆变器短路原因：
（1）直通短路桥臂。

（2）负载电路短路。

（3）逆变器输出直接短路。

第三章 电动汽车电机

❄ 第一节 简单直流电机

1. 根据图 3-1 写出直流电机工作原理：

2. 电机换向器位置可分为哪两种？

3. 写出有刷电机工作的条件：

❄ 第二节 永磁直流同步无刷电机

1. 电动汽车专用三相永磁同步直流无刷电机的结构特点是什么？

2. 永磁无刷电机分类有哪些？

3. 写出最简单的原始三相直流无刷电机（槽数 Z=3，极数 2P=2）的工作过程：

4. 写出加倍降波动的工作过程：

第三节　电动汽车感应电机

1. 感应电机种类有哪些？
   _____
   _____

2. 描述感应电机结构：
（1）定子结构。
   _____
   _____

（2）转子结构。
   _____
   _____

3. 描述感应电机定子接线端子：
   _____
   _____
   _____

第四节　汽车电机铭牌

1. 简述型号。
   _____

2. 简述额定功率。
   _____

3. 简述额定电压。
   _____

4. 简述额定电流。
   _____

5. 简述额定频率。
   _____

6. 额定转速。
   _____

7. 简述接法。
   _____

8. 简述绝缘等级。
   _____

9. 简述温升。

10. 简述工作制：
（1）S1 连续工作制。

（2）S2 短时工作制。

（3）S3 断续周期工作制。

（4）S4 包括起动的断续周期工作制。

（5）S5 包括电制动的断续周期工作制。

（6）S6 连续周期工作制。

（7）S7 包括电制动的连续周期工作制。

（8）S8 包括变速变负载的连续周期工作制。

（9）S9 负载和转速非周期性变化工作制。

（10）S10 离散恒定负载工作制。

11. 简述额定功率因数。

12. 简述额定效率。

13. 简述转子电压。

14. 简述转子电流。

15. 简述起动电流。

16. 简述起动转矩。

17. 简述重量。

第五节　电机种类及电动汽车对电机的要求

1. 电机种类有哪些？

2. 什么是非控制电机？

3. 什么是控制电机？

4. 写出电动汽车对电机要求。

第四章
电机控制传感器

第一节　电机转子磁极定位

1. 为什么要对转子进行初始磁极定位？

2. 如何对转子进行初始磁极定位？

3. 简述有位置传感器型方法？

4. 简述无位置传感器型方法？

第二节　电机转子位置传感器

1. 写出旋转变压器式转子位置传感器组成。

2. 写出旋转变压器式电机位置传感器输出信号的特点。

3. 简述旋转变压器式电机位置传感器的工作原理。

4. 根据所学知识，回答旋转变压器诊断的相关问题：
（1）诊断仪如何诊断？

(2)线圈电阻如何测量?
_____
_____

(3)波形如何测量?
_____
_____

第三节　电机相电流传感器

1. 简述电池电流传感器作用。
_____
_____

2. 简述电机相电流传感器作用。
_____
_____

3. 写出直测式电流传感器基本原理。
_____
_____

4. 写出磁平衡式(LEM)电流传感器基本原理。
_____
_____

第五章

电动汽车变频器

第一节 三相逆变过程

1. 电动汽车变频器可称为功率电子单元，其英文名称及缩写是什么？

2. 内置电机控制器的英文名称及缩写是什么？

3. 简述电机的转矩控制本质是两个要素的控制。

4. 写出电动汽车电动机变频控制工作原理。

5. 什么叫"两两导通"？

6. 什么叫"三三导通"？

7. 写出电动机三相电流定时控制作用。

8. 什么是三相电流定量控制。

第二节　汽车变频器

1. 简述汽车变频器的作用。

2. 简述变频器控制单元的作用。

3. 简述电容器的作用。

4. 简述逆变桥驱动单元的作用。

5. 简述逆变桥单元的作用。

6. 简述电流传感器的作用。

第三节　电动和发电过程

1. 根据教材图 5-8 写出 W 相流向 V 相控制（U 相幅值为 0）的工作流程：

2. 根据教材图 5-9 写出 U 相流向 W 相控制（V 相幅值为 0）的工作流程：

3. 根据教材图 5-10 写出 V 相流向 U 相控制（W 相幅值为 0）的工作流程：

4. 根据教材图 5-11 写出 W 相流向 V 相控制（U 相幅值为 0）的工作流程：

5. 根据教材图 5-12 写出 U 相流向 W 相控制（V 相幅值为 0）的工作流程：

6. 根据教材图 5-13 写出 V 相流向 U 相控制（W 相幅值为 0）的工作流程：

第四节　电动汽车电机控制

1. 根据教材图5-14写出换挡杆申请控制流程：
   _____
   _____

2. 根据教材图5-15写出P挡驻车锁止控制流程：
   _____
   _____

3. 根据教材图5-16写出线控换挡杆的倒车灯控制流程：
   _____
   _____

第六章

典型纯电动汽车变频器

第一节　吉利 EV300 变频器

1. 写出吉利 EV300 变频器组成。

2. 写出吉利 EV300 变频器各部分作用：
（1）电容器。

（2）电流传感器。

（3）电机控制器。

（4）驱动板。

（5）逆变桥。

第二节　吉利 EV300 变频器诊断

1. 写出吉利 EV300 变频器电路图功能：
（1）B+（EP12/1）功能。

（2）常电 1（EP11/26）功能。

（3）Ignition（EP11/25）功能。

(4) HVIL OUT（EP11/04）功能。

_____

(5) HVIL IN（EP11/04）功能。

_____

(6) CAN – H（EP11/20）功能。

_____

(7) CAN – L（EP11/21）功能。

_____

(8) GND（EP11/11）功能。

_____

(9) CAN – H（EP11/27）功能。

_____

(10) CAN – L（EP11/28）功能。

_____

(11) R1 +、R1 –（EP11/7、EP11/6）功能。

_____

(12) R2 +、R2 –（EP11/5、EP11/13）功能。

_____

(13) REF +、REF –（EP11/13、EP12/13）功能。

_____

(14) SIN +、SIN –（EP24/11、EP17/11）功能。

_____

(15) COS +、COS –（EP11/23、EP11/16）功能。

_____

(16) Wake Up（EP11/14）功能。

_____

(17) HV +、HV –（EP54/2、EP54/1）功能。

_____

(18) U、V、W（EP62/1、EP62/2、EP62/3）功能。

_____

第三节　比亚迪电动汽车变频器

1. 写出比亚迪电动汽车变频器的功能。

_____

_____

2. 描述比亚迪电动汽车变频器

（1）上电预充电流路径。

_____

（2）预充后电流路径。

_____

（3）三相逆变功能。

_____

（4）车载充电机功能。

_____

（5）移动充电站功能。

_____

3. 写出比亚迪 E6 变频器电路图原理：

（1）给变频器高压供电功能。

_____

（2）供电、搭铁功能。

_____

（3）双供电（61、62）功能。

_____

（4）充电感应信号（51）功能。

_____

（5）交流充电口功能。

_____

（6）加速踏板位置传感器功能。

_____

（7）制动踏板位置传感器功能。

_____

（8）制动灯开关信号（53）功能。

_____

（9）模式开关信号（38、22）功能。

_____

（10）充电电流输出端功能。

_____

（11）充电感应信号（36）功能。

_____

(12) A、B、C 相功能。

(13) 电机定子线圈温度功能。

(14) REF +、REF −（1、2）功能。

(15) SIN +、SIN −（16、17）功能。

(16) COS +、COS −（30、29）功能。

(17) 屏蔽地（44）功能。

(18) CAN − H（48）功能。

(19) CAN − L（47）功能。

(20) 驻车信号功能。

4. 写出比亚迪 E5 变频器电路图功能：
(1) 给变频器高压供电功能。

(2) 供电、搭铁功能。

(3) 双供电（A1、A4）功能。

(4) 充电感应信号（A12）功能。

(5) 加速踏板位置传感器功能。

(6) 制动踏板位置传感器功能。

(7) 制动灯开关信号（A57）功能。

(8) 模式开关信号（A46）功能。

(9)充电感应信号（A19）功能。

(10) A、B、C 相功能。

(11) 电机定子线圈温度功能。

(12) REF + 、REF –（A60、A59）功能。

(13) SIN + 、SIN –（A63、A64）功能。

(14) COS + 、COS –（A61、A62）功能。

(15) 屏蔽地（A6 、A37、A45）功能。

(16) CAN – H（A50）功能。

(17) CAN – L（A49）功能。

第四节　北汽 EV160 变频器

1. 简述变频器内部元件及功能。

2. 总结北汽 EV160 变频器修理经验。

第七章

典型混合动力汽车变频器

第一节　第二代丰田普锐斯变频器诊断

1. 简述第二代丰田普锐斯变频器的组成。

2. 描述第二代丰田普锐斯变频器系统原理。

3. 描述电路图功能：
（1）变频器电压传感器功能。

（2）电机三相驱动信号功能。

（3）电机过压检测功能。

（4）电机驱动信号功能。

（5）IGCT 变频器复位功能。

（6）电机变频器故障输出 MFIV 和 MFIV 线故障监控功能。

（7）电机驱动关闭 MSDN 功能。

（8）MG2 扭矩监控功能。

（9）MG2 电机门关闭功能。

（10）变频器电压（VH）传感器偏移功能。

（11）发电机 MG1 变频器故障功能。

（12）发电机 MG1 驱动关闭功能。

（13）发电机 MG1 扭矩监测功能。

（14）MG1 发电机驱动关闭功能。

（15）电机电流传感器功能。

（16）三相电动机驱动功能。

（17）MG2 电机的动力补偿功能。

（18）电机变频器温度传感器故障功能。

（19）发电机变频器温度传感器功能。

第二节　第三代丰田普锐斯变频器

简述第三代变频器特点。

第三节　第三代丰田普锐斯变频器自诊断

1. 写出旋转变压器式电机解角传感器的正弦和余弦输出特点。

2. 测量教材图 7-23 普锐斯旋转变压器式电机解角传感器的电阻，并进行 IG-ON 示波和 REDAY 挡举升机行驶示波，记录波形的时基和幅值。

_____
_____
_____

3. 写出简易测量电机温度传感器电阻，根据教材图 7-25 普锐斯电动机温度传感器温度-电阻特性图的方法。

_____
_____
_____
_____

第八章

典型纯电动汽车冷却系统诊断

❋ 第一节　吉利 EV300 电动汽车冷却系统

1. 根据教材图 8-1 写出吉利 EV300 冷却循环水路径。
   _____
   _____

2. 写出变频器过热故障原因。
   _____
   _____

3. 描述变频器元件故障的解决方法：
   （1）驱动板故障。
   _____
   _____

   （2）电流传感器故障。
   _____
   _____

   （3）电容器故障。
   _____
   _____

❋ 第二节　电机和变频器冷却系统

1. 写出热量的产生源。
   _____
   _____
   _____

2. 根据教材图 8-3 写出丰田混合动力功率系统的冷却路径。

_____
_____
_____

3. 根据教材图 8-4 写出奥迪 Q5 混合动力汽车发动机变频器和电机冷却路径。

_____
_____
_____

4. 根据教材图 8-5 写出奔驰 400 混合动力功率系统的冷却路径。

_____
_____
_____

5. 什么是双面冷却技术？

_____
_____
_____

6. 增加输出功率的办法有哪些？

_____
_____
_____

第九章

典型电动汽车空调变频器

第一节　普锐斯电动汽车空调压缩机

简述电动涡旋式压缩机的制冷油特点。
_____
_____

第二节　普锐斯空调电机变频器

1. 电动空调变频器位置在哪？作用是什么？
_____

2. 根据教材图9-5写出空调变频器内部工作原理：
_____

3. 根据教材图9-6写出电动变频压缩机转速如何控制。
_____

4. 在教材图9-7中找到主组件位置并标记。
_____

5. 蒸发器作用及特点是什么？
_____

6. 暖风机芯作用及特点是什么？
_____
_____

7. PTC 暖风机和鼓风机脉冲控制器作用及特点是什么？

8. 冷凝器作用及特点是什么？

9. 水泵作用及特点是什么？

10. 车内温度和湿度传感器作用及特点是什么？

11. 空气过滤器作用及特点是什么？

第三节　普锐斯空调电机变频器自诊断

1. 简述自诊断方法。

2. 故障码有哪些？

3. 重要数据流有哪些？

第四节　涡旋式压缩机的拆装与绝缘检查

1. 电动压缩机拆装步骤中记号应做几处？分别是什么？

2. 写出电动压缩机绝缘检查步骤和结果。